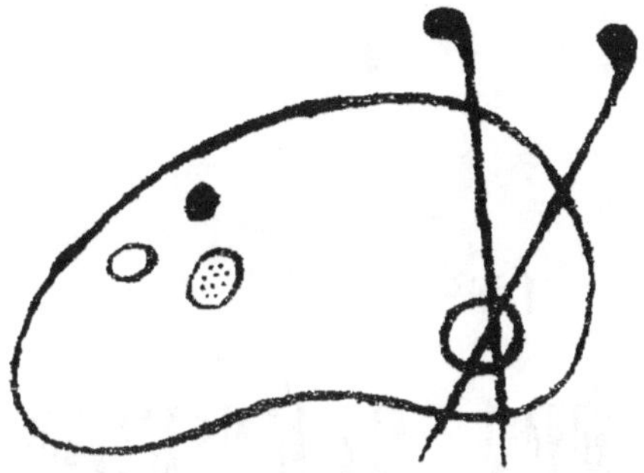

Début d'une série de documents
en couleur

LES

ASSEMBLÉES PLÉNIÈRES EN SUISSE

PAR

M. LEFÈVRE-PONTALIS

MEMBRE DE L'INSTITUT

Extrait du FIGARO *du 28 mai 1894*

PARIS
E. DENTU, ÉDITEUR
3, PLACE DE VALOIS, PALAIS-ROYAL

1894

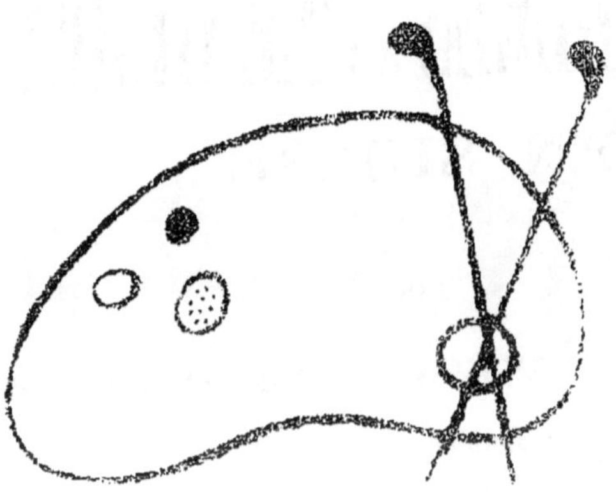

A M. Léopold Delisle hommage de son confrère Lefèvre-Pontalis

LES ASSEMBLÉES PLÉNIÈRES EN SUISSE

PAR

M. LEFÈVRE-PONTALIS
MEMBRE DE L'INSTITUT

Extrait du FIGARO *du 28 mai 1894*

PARIS
E. DENTU, EDITEUR
PLACE DE VALOIS, PALAIS-ROYAL

1894

LES

ASSEMBLÉES PLÉNIÈRES
EN SUISSE

Les assemblées plénières qui viennent d'avoir lieu en Suisse, *les Landsgemeinde*, sont peu connues en France, quoiqu'elles aient déjà donné lieu à d'intéressantes publications (1). Elles représentent la réunion générale et souveraine de tous les électeurs du canton. Le spectacle qu'elles donnent est aussi curieux qu'instructif: c'est celui d'un gouvernement direct exercé par toute une population votant et souvent même délibérant en commun sur la place publique. Elles ont la plus ancienne origine, qui remonte pour quelques-unes jusqu'au treizième siècle ; mais elles ne subsistent que dans un petit nombre de cantons : Glaris, les deux Appenzell et ceux qui avec le canton de Schwitz où elles ont disparu, ont été le berceau

1. Voir *Les Assemblées démocratiques en Suisse*, par le prince Roland Bonaparte. Paris, 1890.

séculaire de la Confédération helvétique, les cantons d'Uri et d'Unterwald.

Leurs attributions et leurs prérogatives les rendent maîtresses du gouvernement cantonal. Elles en élisent à la fois les administrateurs qui se partagent le pouvoir exécutif et les magistrats chargés d'y rendre la justice civile et criminelle dans le tribunal supérieur. Elles peuvent en outre confirmer, abroger ou amender les lois votées par le Conseil cantonal, dont plusieurs, telles que le budget du canton et tout changement aux articles de sa constitution, doivent leur être soumises de plein droit; elles peuvent prendre également l'initiative des propositions législatives. Il n'y a que les lois fédérales, applicables à toute la Confédération et votées par les deux Chambres, le Conseil national et le Conseil des États, qui soient hors de leur portée, tout en pouvant rester soumises avec le referendum aux votations plébiscitaires.

Les Landsgemeinde interviennent même dans le gouvernement de la confédération, pour les élections du Conseil des Etats, qui est la représentation des cantons et qui donne uniformément à chaque canton deux représentants élus tantôt par le grand Conseil ou Conseil cantonal, tantôt par les électeurs votant dans chaque commune, tantôt par les électeurs réunis dans les assemblées plénières.

Ces assemblées plénières, dans les cantons qui

les ont conservées, sont convoquées le dernier dimanche d'avril ou le premier dimanche de mai Avec la toute-puissance des traditions qu'elles gardent intactes, elles sont comme une apparition vivante des temps d'autrefois. Elles représentent la grande solennité patriotique du pays, sans que rien y soit donné à ce qui pourrait les faire ressembler, soit dans leurs abords, à une fête foraine, soit dans leur enceinte, à un club. Pas de jeux pendant, pas de danses après. Ce ne sont pas seulement les usages, ce sont souvent les règlements du canton qui les prohibent. Le règlement de l'assemblée d'Appenzell interdit, pour le jour où elle se tient, aux joueurs d'orgue de Barbarie ou aux montreurs d'ours d'exercer leur profession, et autorise la fermeture des cabarets, si le moindre désordre s'y produit.

*
* *

Toutes les Landsgemeinde commencent par une cérémonie religieuse :

« Au nom de Dieu tout puissant » est-il écrit au frontispice de la constitution fédérale. Cette formule devient visible dans les assemblées plénières des cantons. Dans l'Unterwald, un autel est dressé, et le prêtre officie devant la foule. Dans le canton d'Uri, tous les assistants, rangés sur l'amphithéâtre des estrades, récitent le *Pater*. A Glaris et dans l'Appenzell extérieur, cantons protestants, le président de la réunion invite les électeurs à se recueillir et à invoquer le Dieu qui a protégé leurs pères. C'est là l'empreinte qui donne à ces réunions en plein air leur caractère de gravité vraiment majestueuse. On s'y croirait dans un vaste temple plutôt que sur la place publique.

Elles peuvent avoir chacune leur physionomie particulière avec une apparence plus ou moins pastorale et pittoresque, suivant la variété des costumes ou la magnificence du paysage qui leur sert de cadre. Néanmoins, si l'on s'en tient à celles dont le caractère est le plus moderne, mais qui, par le plus grand nombre des assistants évalué parfois à 8 ou 10.000, ont le plus d'importance, telles que celles d'Appenzell extérieur et de Glaris, on y retrouve les mêmes traits caractéristiques.

Dès la première heure du matin, le canon tonne, et tous les habitants sont sur pied, pour se rendre, même des distances les plus lointaines, au lieu de la réunion. La loi constitutionnelle du canton ou, à défaut de la loi, l'usage leur en fait une obligation. A Glaris, le chemin du fer rend le lieu de la réunion aisément accessible; mais dans l'Appenzell extérieur, il faut gravir la haute colline de Trogen. On voit arriver des groupes innombrables d'électeurs; c'est comme une procession en marche ou comme une fourmilière en mouvement. Ils sont tous en habit ou veston noir, les uns avec un chapeau rond, les uns avec un chapeau haute-forme de toute nuance et de toute taille. Les électeur d'Appenzell doivent ceindre ou porter l'épée, comme signe traditionnel de la souveraineté : ils n'ont pas d'autre justification à faire de leur droit électoral.

Bientôt le peuple se concentre, c'est un flot qui s'accumule. A Glaris, l'enceinte (*le ring*) entourée de nouvelles maisons reconstruites depuis le grand incendie de 1861, ombragée d'arbres, surplombée des monts environnants dont les sommets les plus élevés sont couverts de neige, ressemble à un vaste cirque. Les gradins, dont les premiers rangs seuls ont des bancs, sont disposés en cercle au milieu duquel s'élève la tribune. A Trogen, dans l'Appenzell extérieur, la tribune est adossée à l'église, et c'est sur la place que les assistants s'entassent en rangs étroitement serrés qui débordent dans les rues environnantes et sur les terrasses en arrière. Le regard y plonge comme dans une forêt noire. Parfois, on entend un chant ; c'est le cantique populaire que la foule entonne : « De toi, Seigneur, découle toute vie. Nous sommes les œuvres de tes mains. Quelle consolation et quel bonheur est-ce pour moi, que ton œil de père brille sur moi ! Puisse le sentiment de ta présence être mon bon ange et me conduire, afin que ma faiblesse ne m'égare pas dans le chemin. » Toutes les fenêtres sont garnies. Les dames les occupent, pour voir beaucoup plus que pour se faire voir, sans chercher à attirer les yeux par aucun luxe de toilette.

A dix heures, le cortège officiel part de l'Hôtel de Ville. A Glaris, il est accompagné de la musique militaire d'une compagnie du canton, et il comprend les membres du Conseil cantonal et des tribunaux. A Trogen, les sept conseillers du gouvernement sont les seuls qui y trouvent place, et ils ont pour escorte des hallebardiers, des tambours et des fifres, en costumes du XVIe siècle, comme signe visible des traditions fidèlement conservées. Les huissiers, qui ont leur importance comme fonctionnaires locaux soumis à l'élection populaire, complètent l'escorte avec leurs plaques d'argent et leurs costumes aux couleurs du canton. En tête marche le président du gouvernement cantonal qui est également le président de la réunion, le Landamann, accompagné de son suppléant. A Trogen, il est revêtu de son manteau noir et coiffé de son chapeau historique. A Glaris, on se contente de porter devant lui, avec le sceau de l'Etat, la vieille épée, signe de commandement, qui a servi à ses plus anciens prédécesseurs, et dont il tient la poignée dans sa main pendant la réunion. Le Landamann est le principal personnage de la cérémonie; il y joue le premier rôle. Il doit être réélu chaque année, sans pouvoir occuper plus de trois ans ses fonctions qui sont à peu près gratuites. C'est bien rarement qu'il perd la confiance populaire, si bien méritée par le Landamann de Glaris et celui de Trogen, MM. Blumer et Sonderegger.

Dès qu'il apparaît, toutes les têtes se découvrent et restent découvertes, aussi bien sous le soleil radieux *qui éclairait* cette année la réunion de Glaris que sous la neige fondue qui assombrissait celle de Trogen, et contre laquelle les assistants n'avaient le droit de se protéger par aucun parapluie. Le Landamann ouvre la séance et va prendre place sur la tribune qui lui est réservée. Les secrétaires du Conseil du gouvernement du canton et le principal huissier, l'huissier cantonal, prennent place à côté et derrière lui. Dans un discours plus ou moins développé, mais aussi magistralement prononcé que religieusement écouté, et où la *politique générale* trouve souvent sa place, il expose tout ce qu'il importe à l'assemblée de savoir, pour se rendre compte des élections qu'elle aura à faire et des propositions qu'elle aura à voter.

*
* *

A Trogen, dans le canton d'Appenzell, le Conseil du gouvernement, dont la réélection ainsi que celle du Landamann est annuelle, et dont les sept membres sont tenus pendant six ans de rester rééligibles, était à renouveler tout entier, et cette année, par suite de cinq démissions acceptées, il y avait de nouveaux candidats à proposer. Vingt-huit noms pour cinq candidats à élire sont successivement prononcés et jetés à l'assistance, mais avec le plus grand calme et sans aucune manifestation extérieure. Les votes ont lieu, et, ce qui paraîtrait bien surprenant à tous ceux qui n'en n'ont pas été les témoins, ce n'est pas par bulletins, c'est à mains levées qu'il y est procédé, avec toute sorte d'éliminations successives, jusqu'à ce qu'il n'y ait plus, pour chaque élection à faire, que deux candidats entre lesquels les électeurs ont à se prononcer.

Le Landamann est le seul juge du vote; quand il y a doute, il le fait recommencer, en consultant ses assesseurs. Quel coup d'œil ne lui faut-il pas pour reconnaître, jusqu'à l'extrémité de l'assistance et dans la profondeur de cette masse humaine agglomérée, quelle peut être la majorité! Sa perspicacité comme son impartialité n'est jamais en défaut. Quelle aide puissante lui donne l'huissier cantonal, ordinairement choisi pour le timbre de sa voix qui, à Trogen, retentissait comme une cloche! Chaque nomination, une fois rendue définitive, est suivie d'une cérémonie qui semble imposante, surtout quand on la voit pour la première fois. L'escorte des tambours, des fifres et des hallebardiers va chercher dans l'assistance le conseiller du gouvernement qui vient d'être élu et le conduit solennellement à l'estrade où il reçoit l'accolade du Landamann et de ses collègues. C'est également à mains levées qu'a lieu l'élection des juges du tribunal supérieur du canton, mais sans qu'il y ait le même appareil, et sans que les Landsgemeinde d'aujourd'hui aient d'ailleurs à exercer aucune attribution judiciaire.

On passe ensuite à la seconde partie de la réunion, l'œuvre législative pour la confirmation ou le rejet des lois votées par le grand Conseil, *quand elles sont portées devant l'assemblée plénière* par un nombre d'électeurs égal à celui des membres du grand Conseil ; mais elles ne peuvent donner lieu à aucun débat. La plupart sont rejetées ; le canton d'Appenzell est défavorable à tout changement. L'assemblée se prononce notamment contre le vote secret dans les assemblées municipales pour s'en tenir, comme dans la Landsgemeinde, au vote public à mains levées. Il n'y a que pour l'extension de la tolérance de certaines danses du dimanche, que le parti des jeunes l'emporte, en donnant raison cette fois au vote du grand Conseil.

A Glaris il n'y avait pas cette année d'élection; toutefois le vote des lois suffit bien à l'intérêt de l'assemblée, parce que le droit de les discuter publiquement appartient à tous les électeurs du canton. Toute proposition, soit qu'elle ait fait l'objet d'un vote du grand Conseil, soit qu'elle provienne de l'initiative de dix électeurs, peut être soumise à la Landsgemeinde, pourvu qu'avant le 31 décembre elle ait été communiquée au grand Conseil. Elle est inscrite dans le grand cahier de trente à quarante pages qu'on appelle le Mémorial, distribué un mois à l'avance et dont chaque électeur a pris soigneusement connaissance. Cette année, à défaut de toute proposition politique, des propositions sur l'abaissement de l'impôt du sel et sur l'assurance obligatoire étaient les principales questions mises à l'ordre du jour. Après l'approbation du budget, qui dans chaque landsgemeinde n'est en général qu'une formalité, mais qui pourrait, s'il y avait lieu, faire l'objet d'un renvoi à une commission nommée par l'assemblée, la délibération s'est prolongée jusqu'à une heure de l'après-midi, avec toute une série de discours dans lesquels la phraséologie n'a trouvé aucune place.

Ce ne sont pas seulement des membres du grand Conseil qui y prennent part, mais aussi des électeurs appartenant à toutes les professions; soit en montant sur l'estrade du Landamann qui sert ainsi de tribune aux harangues, soit en parlant de leur place avec une voix plus ou moins sonore, ils usent de leur droit de parole et s'en servent avec une remarquable aisance. Tour à tour on a entendu, à côté d'avocats ou de magistrats, des instituteurs, des industriels, des marchands de toutes catégories, des paysans et des ouvriers, qui font honneur à la démocratie helvétique, en rappelant, avec le tumulte en moins, ce que devaient être l'Agora d'Athènes et le Forum de Rome. C'est que l'éducation politique est entrée dans les mœurs des habitants, dès leurs premières années, et y a pris racine. A Glaris. une place est réservée aux enfants des écoles, en bas de l'estrade du Landamann. Ils sont là, en grand nombre, écoutant les délibérations de leurs pères, apprenant déjà leur métier de citoyen, et il est bien rare que le moindre signe soit nécessaire pour les rappeler au silence. Ils continuent la coutume ancienne, et l'avenir qu'ils représentent est, en quelque sorte, sous la garde du passé.

Il y a encore un plus beau et dernier spectacle que donnent les assemblées plénières de Suisse, c'est celui du serment. Rien de plus solennel et de plus émouvant. Tour à tour, le Landamann le prête et le reçoit, tête nue, devant toute l'assemblée également découverte et dans l'attitude du recueillement. Le serment est lu à haute voix par l'huissier cantonal, avec tous les engagements qu'il est destiné à ratifier, et il est précédé de la formule suivante : « J'ai bien compris ce dont lecture a été faite et je « le tiendrai fidèlement, aussi vrai que je désire « et que je prie Dieu qu'il me vienne en aide. » Quand ces mots sont répétés en chœur et avec une vibrante harmonie par des milliers d'assistants levant, suivant l'antique usage, les trois doigts de la main droite, comme invocation à la Trinité, il semble que c'est le fameux serment du *Grutli* qui se renouvelle, comme si la voix des premiers fondateurs de l'indépendance helvétique se faisait encore entendre à travers les siècles, pour affirmer une fois de plus la perpétuité de la patrie.

Quel grand enseignement que celui d'une démocratie aussi égalitaire et aussi disciplinée! L'égalité est telle, que tous sont au même rang dans la foule, où le maire de la commune de Trogen le sympathique M. Otto Hohl, était au milieu de ses administrés, de même que tous les candidats étaient confondus avec leurs électeurs. Il n'y avait pas jusqu'au président de la Confédération et aux membres du Conseil fédéral (c'est-à-dire les ministres), qui venus pour assister à la Landsgemeinde n'y fussent que de simples spectateurs, à qui aucun honneur n'était rendu. Le repas le plus simple et le plus hospitalier réunissait à Trogen comme à Glaris les membres du conseil du gouvernement qui, à côté de la table d'hôte de l'hôtel, se réservaient à peine une salle où ils offraient place à qui voulait la prendre.

Cette égalité si complète, qui rapproche toutes les conditions, sans laisser aucune place à l'affectation ou à la morgue, a pour correctif le respect le plus religieux, auquel aucun assistant de l'assemblée plénière n'est tenté de manquer. Ni vacarme, ni tapage, ni cris d'aucune sorte. L'autorité du Landamann est comme un sacerdoce qu'il exerce; la minorité s'incline devant la majorité, telle qu'il la reconnaît et la proclame. Chaque électeur sent qu'il représente lui-même la souveraineté du canton et qu'une République n'est pas digne de ce nom, quand ce n'est pas le règne de la loi qu'elle établit.

Aussi m'était-il permis de dire, en rendant publiquement à mes hôtes un juste témoignage de cordiale sympathie, que si la nature fait la beauté de la Suisse, la Suisse peut se glorifier également de tout ce que valent les mœurs politiques de ses habitants, telles que les Landsgemeinde les font avantageusement connaître, en montrant ainsi ce que d'autres républiques gagneraient à se les approprier.

LEFÈVRE-PONTALIS,
Membre de l'Institut.

IMP. NOIZETTE, 8, RUE CAMPAGNE-PREMIÈRE, PARIS

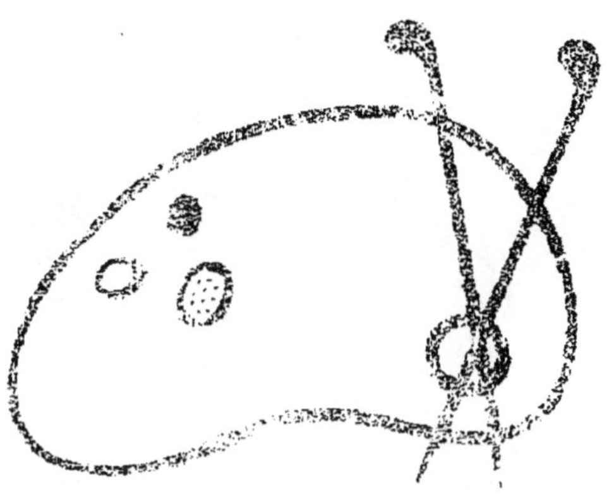

www.ingramcontent.com/pod-product-compliance
Lightning Source LLC
LaVergne TN
LVHW010315230826
846091LV00009B/3659
9782013594127